IN-N-OUT의 비밀

쓸개즙보다 더 쓴 허탈감
어쩌면 매력에 마취된 상태에서
마취 후의 깨어남처럼
무지한 공허한 추위를 깨는 맛이다

보고 싶은 그리움보다
죽을 듯 내리치는 가슴 떨어짐에
아무 말도 할 수 없는 가슴은
색깔 없는 눈물만 토한다

-여인의 눈물 중에서-

IN-N-OUT의 비밀

시인의 말

생각하면 은하수가 반짝이던 하늘과
초가지붕 위에 핀 하얀 박꽃과
더위를 식혀주던 매미 소리 바람이 잠들면 텃새도
머리를 숲으로 돌리는데
세월 갈수록 고향이 그리운 건 향수병일까
이름만 불러도 숨 막히고 멎을 것 같고
씻어도 씻기지 않는 추억들
가슴에 묻어둔 아픔조차 어떻게 하지 못하고
머릿속에는 빛바랜 영상처럼 돌아가고
햇빛 하나 들어오지 않는 골방에서
눈앞이 캄캄해지는 것은 이별을 예감했는지
미친 듯 울면서 죽을 만큼 아파하면서
영원히 지울 수 없을 거라는 말만 반복하다가
결국 아파하면서 다 지워버리고 살아도
가슴 저릴 때 잊은 줄 알았던 기억들로
눈물 흘리며 아무런 말하지 못하고
아파했던 것도 모두 인연 때문이었으리

2023년 11월

세 번째 스무 살을 맞으며 하늘꽃 윤외기

목 차

1부. 약속

008_약속
009_사랑의 십자로
010_커피 한 잔의 추억
011_굴렁쇠
012_그리움의 탈
013_동백꽃 순정
014_잊을 수 없는 당신
015_가면
016_세월
017_나의 노래
018_별바라기
019_둥지
020_바람의 미소 1
021_풀떼기 바람
022_시크릿 가든(Secret Garden)2
023_빛바랜 사진 한 장
024_봄의 랩소디(Rhapsody)
025_숙명(宿命)
026_화신(化身)
027_겨울 애상
028_창가에서
029_담쟁이 2
030_추억의 판도라
031_처음이자 마지막
032_애화
033_몽정
034_1호선 전철역
035_부소담악(芙沼潭岳)

2부. IN-N-OUT의 비밀

038_IN-N-OUT의 비밀
039_세월은 널 떠나보내고
040_세월 가면
041_인연의 노래
042_바람에 물들다
043_맥문동
044_단풍 연가
045_기억의 끈
046_홀씨
047_갈잎의 노래
048_바람의 동행
049_들국화 연가
050_길섶에 멈춰버린 시간
051_파도의 눈물
052_잃어버린 바다
053_삶의 꽃
054_추억의 숨결
055_바람의 비밀
056_사랑별곡
057_갈피
058_사모곡
060_별이 빛나는 밤에
061_바람개비
062_노을빛 사랑
063_기다림의 끝
064_바람의 향기
065_먼 기억 속의 당신
066_바다별곡
067_못다 부른 연가

3부. 꽃길 따라갔더니

070_빗물
071_꽃길 따라갔더니
072_꽃지면 당신도 오시렵니까
073_사랑은 눈물 속에 피는 꽃
074_잊지 말아요 1
075_잊지 말아요 2
076_만추의 기도
077_고백
078_묻어버린 추억
080_회상
081_그리움의 소고(小曲)
082_침묵의 소리
083_준비 없는 이별
084_눈물의 소곡(小曲)
085_꿈의 대화
086_다솜의 일기
087_여백의 끝
088_그리움의 탈
089_눈 내리는 날
090_눈길 따라갔더니
091_여명의 눈동자
092_동백꽃 순정
093_잊을 수 없는 당신
094_기다리게 해놓고
095_바람길
096_홀로 된 기억
097_침묵은 고백이다
098_어느 날 문득
099_가을이 오면

4부. 여인의 눈물

102_끝없는 길
103_여인의 눈물
104_가슴에 넣은 날
105_해와 달
106_사랑 방정식
197_짧은 사랑 긴 이별
108_단미의 사랑
109_기다림의 눈물
110_허상의 구름
111_무심에 대하여
112_당신은 모릅니다 1
114_당신은 모릅니다 2
115_비밀 2
116_커피 한 잔의 조화
117_떠난 임 그리워
118_꽃의 애도
119_자드락길
120_평행선
121_내 안의 사랑이어라
122_무언의 이야기
123_그림자 밟기
124_언저리
125_벽장 속의 비밀
126_너의 가을
127_가을 스케치

1부. 약속

당신을 기다린다는 것은
온다고 약속했기 때문이 아니라
마음을 전할 곳이 당신밖에 없는 이유입니다
그렇다고 기다린다는 것은
결코 보고 싶은 이유가 아닙니다

약속 -중-

약속

당신을 기다린다는 것은
온다고 약속했기 때문이 아니라
마음을 전할 곳이 당신밖에 없는 이유입니다
그렇다고 기다린다는 것은
결코 보고 싶은 이유가 아닙니다

당신을 기다린다는 것은
텅 빈 가슴을 가득 채우기 위함이 아니라
사랑받아야 살아갈 수 있기 때문입니다
오롯이 당신을 위해 비워두는 것은
가난과 슬픔이 아님을 깨닫기 위함입니다

당신을 기다린다는 것은
하염없이 흐르는 눈물을 닦기 위함이 아닙니다
그동안 참았던 눈물을
당신 앞에서 한 방울 남김없이 쏟으며
오롯이 당신을 기다리기 위함입니다

당신을 기다린다는 것은
부끄러움을 털기 위한 그리움이 아닙니다
당신 찾아갈 길 잃지 않기 위함이며
사랑이 마음을 쳐다보기 위해
기다리는 키 작은 순간이 보고 싶습니다

사랑의 십자로

사랑을 잊고자 하는 것은
꼭두각시 그리움으로
허전한 가슴이 채운다는 것입니다

다 가진 사랑이 아니라
거침없는 세월을 막을 수 없어
텅 빈 가슴 지켜주는 것도 사랑인가요

표현할 수 없는 흐린 기억속에
가슴만 부풀리는 허상은
아무것도 가질 수 없는 사랑입니다

먼 길 돌아온 이유는
허접한 마음 채운 사랑의 십자로에서
잃어버린 꿈을 깨우기 위함입니다

윤외기

커피 한 잔의 추억

커피 잔을 사이에 두고
둘이 서로 마주 앉아
몽글몽글 피어나는 커피 향기에
안개 한 숟가락 타서 마신다

따스하게 데워지는 목구멍이
사랑으로 두터워지고
손끝과 잔 속을 떠나는 눈빛조차
쌉쌀한 커피 맛에 길들여진다

추억이 차곡차곡 쌓여가도
만날 수 없는 당신은
무심코 지나칠 수 없는 그리움에
눈물 한 줌 쥐어 보냅니다

굴렁쇠

내가 사모하는 당신은
가슴 깊은 곳에서 메아리로 답하고
하얀 삿갓 눌러 쓴 모습은
알알이 익어가는 진 다홍으로 빛나는
당신의 포근한 여유입니다

고운 얼굴에 검버섯으로
연지곤지 찍듯이 듬성듬성 새겨지고
꽃다운 젊음을 지탱하다가
사랑으로 보듬어도 못다 한 사랑
이젠, 인연으로 묻어버린다

지쳐 쓰러진 하얀 이빨
인내로 견뎌내던 붉은 입술에
지나가는 침묵의 소리마저
간담 서늘하게 하더니
웃음으로 내민 손 떨림이 가련하다

내가 사랑하는 당신은
왜 이렇게 가혹한 아픔만 주는지
잊어버린 사랑으로 못다 채운
그늘 속 깊은 마음의 굴레
내 사랑으로 채워드리렵니다

윤외기

그리움의 탈

불빛 쓸어 담고 기다리면
아득히 먼 곳에 맡겨둔 아쉬움도
창문 너머로 보이려나

당신 곁에서 한 걸음 비켜선 채
살며시 다가와 달콤하게 고백하듯
그리움 고개 넘어가는 빛줄기

견디지 못하고 울다가 지쳐
한 발짝 가까이 찾아오길 기다리다가
당신 향해 가는 마음일까

별빛이 쏟아져 내리고
거칠게 어깨 부대끼는 바람 불어오면
속울음 토하는 사랑받아주려나

슬픔이 뭉텅뭉텅 들어와
눈가에 흐릿하게 보고 싶은지
그리움의 탈 쓴 사랑으로 눌러앉는다

동백꽃 순정

노을보다 진한 사랑은 아니어도
진실한 마음 가질 수 있다면
발 동동거리며 동행하지 않았으리
어쩔 수 없는 일이라 치부해도
텅 빈 가슴은 동백꽃 향기로 가득하다

고귀한 사랑을 거부하는 몸짓은
시간이 흐를수록 더할 텐데
차라리 시샘과 질투로 애태웠으리
거칠게 몸부림치며 끝내는 것이
더 좋을 것 같다는 생각이 뿌리내린다

덤덤하게 느낀 핏빛 그리움조차
기억 속 세월로 흘러도
무딘 촉감으로 사랑하는지
나열되지 못한 순정마저
사랑하지 못하는 시간의 구속이 밉다

윤외기

잊을 수 없는 당신

잊을 수 없어 타박타박
함께 하지 못한 서러움에
울면서 길을 걸었습니다

당신이 내 곁에 있던 순간도
아프고 서러웠습니다

사랑이라 말하는 순간
외로웠던 것도
이미 떠날 줄 예감했던 걸까요

당신 그럴 수 없다고
세상이 미쳤다고 욕하며 버려도
지켜줄 거라 믿었습니다

내 곁을 떠나간 당신은 지금 행복한가요

가면

넌 안갯길 속으로
밤마다 떠날 줄 모르고
자박자박 날 기다린다는 것은
그리워하는 마음으로 물드는 것이다

종일 널 생각하다가
밤이 깊어도 눈 감지 못하고
안갯속에 뽀얀 네 얼굴 떠오를까 봐
잠들 수 없을 때는 어떻게 하지

꼭 너와 함께라면
양어깨 토닥토닥 물들이면
팔베개하고 고이 잠들 수 있을 텐데
내 사랑은 왜 이렇게 힘들까

밤이 짙어갈수록
네 그리움으로 자박자박
밀려오는 억압의 탈을 훨훨 벗으니
닭똥 같은 눈물만 매달린다

윤외기

세월

손 내밀어도 닿지 않고
무심코 바라보니 아픔 전하는 하늘
바람마저 죽어가는 시간
동병상련의 마음 어쩔 수 없었지

메마른 낙엽 떨굼으로
세월의 장난에 파리한 손짓마저
눈물로 마감하려는지
내 곁에 없음에 울어버린다

미안하다 바람아
어차피 견뎌야 하는 것
가을동화 하나 그려서 선물하면
지나가는 너의 모습에 똬리 틀었니

한 닢 떨어지면 뒹굴고
신음 하듯이 뱉어내는 바람이
한줄기 슬픔으로 던지면
내 그리움은 눈물로 하나 된다

나의 노래

눈물겨운 아픔마다
우두커니 앉아
내 전부를 다 내어 준 시간
당신 손잡고 따라가는 사랑의 시간

바라보는 눈빛마다
가슴은 말없이 어둠 속으로 기꺼이 물러나고
밝은 빛의 사랑은 그리움을 나눈다

창살을 건드린 여명은
빗물로 세안하고
떠나보내야 하는 아쉬움에
잠을 청하던 고집보다 앙탈 부린다

보내고 싶지 않아도
눈물이 흐르고
바람의 끝에서 휘몰아치는
당신 노래는 빗방울 소리로 들린다

윤외기

별바라기

잿빛 하늘 아래로 별이 내리고
회색빛 그리움 덩어리가
콘크리트 기둥 사이로 뭉텅뭉텅 내던지면
시간이 정지한 듯 어둠이 멈춘다

여린 가슴은 보랏빛으로 물들고
하늘 축제가 끝날 때쯤
쓸쓸한 시간을 맞이하는 듯
파랗게 멈춘 하늘이 보고 싶다

풀잎에 맺힌 시간 속 이슬 미소
별빛은 하늘바라기 하는데
망설임은 또 무엇일까
놓지 못해 붙잡고 앙탈 부린다

별빛 하나로 비추면
어둠 속에 꽉 차버린 하늘 지키며
철없이 갇혀버린 미소로 느끼는 시간
순결한 별빛이 그립다

둥지

마지막 탱자나무 밑둥치가
통째 잘려 나가던 그날
철새도 떠나버린 텅 빈 둥지만
멍하니 쳐다보다가 서산에 기우는
다홍빛 노을 향해 손짓한다

담장 위에 텅 비어버린 둥지
어둠이 깔리는 적막이 두려운지
능선 넘어 무너지는 공허와
잘려버린 뿌리만 덩그러니 남긴 채
가시덤불 우거진 수풀만 남았다

해 저문 하늘 지켜보아도
너의 체취 없어진 지 오래전
들숨과 날숨이 교차하는
어두운 가시덤불만 기웃대며
눈빛 젖어 처연히 울다 쓰러진다

윤외기

바람의 미소 1

가슴속에 풀어진 하늘이
바람결에 서걱이다가 잠들면
눈이 시리도록 맑은 유리창
빛깔 고운 길섶에 한들거린다

매달리는 하얀 바람의 미소마다
고운 눈웃음으로 간직한 채
가슴 부풀어 물들어가면
아림은 푸름마다 앙증맞게
애교의 눈빛에 힘없이 풀린다

담녹색 길 가장자리에 어질러져
춤추는 연무가 하리로 내리고
바람결 부드러움에 무릎 맞추는
햇살이 그리움 만든다.

풀떼기 바람

갯바람에 떠난 자리마다
침묵이 흐르면 달이 차오른다

꽃이 피었다가 흩어지면
흔적도 없는 어둠이 저벅저벅 내리고
적막한 자드락길에 바람이 풀린다

혼자서는 살지 못할 것 같은지
고요를 그리다가 지쳐 뒤척인다

실바람이 떠난 그늘 아래서
잔잔히 미소 짓는 눈빛
포근히 감싸 안을 수 있으려나

보였다가 멈췄다 지워지는 영상에
기다리다 잠들어 버리면
어둠은 풀떼기 바람만 던진다

윤외기

시크릿 가든(Secret Garden) 2

꽃향기 따라갔더니
아쉬움으로 여울진 그곳에
내게 사랑을 안겨준
그리움이 떡하니 자리하고 있었다.

골목길 접어들 때마다
눈에 아롱지는 꽃향기 피우며
하나, 둘 따라오더니
누가 먼저랄 것 없이 품에 안긴다.

숨결 따라갔더니
눈꼬리 치켜든 꽃자리마다
미치게 보고 싶은지
시뻘건 꽃잎 움켜쥔 향기 날린다

빛바랜 사진 한 장

지갑 속에 고이 간직했던
빛바랜 사진 한 장을 꺼내놓고
아직도 온기 흐르고 있는
반가움에 덥석 끌어안아 버렸지

바보처럼 숨어버린 마음에
여전히 고운 목소리는
귀엣말로 사랑을 전해주고
달콤하고 감칠맛 나게 고백한다

순간 울컥 치밀어 올라
소리 없이 흐르던 눈물이
어긋난 길을 걸어가는
종아리에 무거운 흔적이 박혔다

젖은 그리움에 설렘 가득
뒤돌아서는 발걸음은
생각했던 것보다 빠르게
듬성듬성 빠져가는 세월을 부른다

윤외기

봄의 랩소디(Rhapsody)

강둑 제방 너머에서 불어오는
바람의 포근함이 느껴지고
봄빛 타고 온 빛줄기에 눈부시도록
꽃향기가 여리게 날아든다

혼자 더하기 혼자는 둘이 될 텐데
여전히 혼자의 걸음으로 하루를 채우며
촘촘하게 짜인 마음을 헤집는
봄의 랩소디를 살며시 끌어안는다

두 팔을 펼치면 하늘이 솟구치고
가슴이 부풀어 터질 만큼
눈부신 하늘빛으로 달려 들어와
그렇게 봄을 가슴 속에 집어넣는다

바람의 숨결로 따라가는
버석대는 갈대의 울음소리마다
소매 끝에서 너울거리며 날갯짓하는
먼 기억 속으로 나를 바라본다

봄이 움터 오를 때쯤이면
수면에 비치는 윤슬이 가슴 건드리고
울컥 한쪽 가슴 울렁이게 하는
기억의 멜로디가 너의 마음처럼 예쁘다

숙명(宿命)

가신님 그리워 찾아왔나요?
빛바랜 가슴에 바람이 불어온다
떠나간 당신이 그리울 때
잊혀버린 사랑은 어떡하나요

잠들지 못해 한 번 준 마음인데
그립다는 것 아시나요?
수없이 많은 날을 훨훨 날아
내 안에 사랑으로 자리한 당신은
찔레꽃 향기로 날아듭니다

왼편엔 그대, 우편엔 내가
아직도 가슴속에 맺힌
당신과 내가 알고 있는 사랑은
늘 한결같은 공존의 사랑입니다.

윤외기

화신(化身)

가을이 오면 꽃의 생각은
화려한 당신이라는 꽃말을 달고
그리움의 꽃잎을 가꾸며
보고 싶다는 꽃술로 치장된
수려한 임의 꽃이 되어
그리워하다가 죽어도 좋을
사랑이란 꽃으로 다시 피어난다

임의 가슴속에 피어나는
사랑이란 유일한 꽃은
영원히 피어 있다는 것 알기에
보고 싶어서 몸서리치다가
죽도록 사랑한다는 것은
짧은 사랑 긴 그리움이라는
화려한 꽃을 피우는 산통입니다

겨울 애상

해 저문 날 갓길 위에
흑갈색 나뭇가지가
갈래 친 그리움으로 쏟아진다.

사랑하고 싶었을까
그렇게 화려하게 물들다가
얼굴 한쪽 남기고 떠나버렸지

눈 뜨고 지키던 시간도
세상은 눈을 감고
세월 속에 아련한 미련 남긴다.

빨간 너울 뒤집어쓴
바람 끝 불놀이
눈앞에 검붉고 곱게 피었다

윤외기

창가에서

멍하니 창밖을 바라보는 당신
그렇게 넋을 잃고 있으면
잊어버릴지 모를 몽상들이
연기처럼 하늘 높이 흩어진다

감정의 곡선 따라 잃어버린
당신을 만나고 내 안에 마음 다잡아도
한계에 부딪힌 눈빛은
체념의 끝에 매달려 안타깝다

통곡은 애환으로 가슴 쳐도
허공에 뿌려진 영혼 줍지 못한다
어제가 오늘처럼 텅 빈
가슴은 어둠의 경계를 춤춘다

표현하지 않는 어둠 속으로
뼈마디 파고드는 통증 붙잡고
그리움은 별이고 달이 되어
얼마나 깊었으면 헤어나지 못할까

담쟁이 2

거센 비바람에 흔들려도
돌담을 끌어안고 버틸 때까지 버티다가
휘감겨 버리는 담쟁이덩굴을
뿌리 깊이 꼭꼭 박아두고
꼼짝하지 못하게 동여맨다

돌담 위에 엉켜버린 사연마저도
행복이라는 떨림을 사랑으로
덩굴에 돋아나는 돌기마저
붉은 그리움처럼 습기 빨아들이며
하나로 자라는 담쟁이 사랑

거침없이 쭉쭉 뻗어가는
강한 생명력은 내가 위로하는
담쟁이덩굴의 애정 표현
착 달라붙어 절대 꺾이지 않고
한 몸으로 지키는 그리움이란다

윤외기

추억의 판도라

언저리에서 나붓대는 추억은
시간의 낱알을 헤아리고
흘러가는 상념 속을 맴돌아
잠들어 버린 세포를 자극합니다

당신은 내가 어떻게 할 수 없고
어떡하지 못함을 다 알면서
언제부터 추억의 언저릴
언제까지 말없이 지키시렵니까

찢긴 가슴 설렌다는 것은
눈빛 떼어내지 못한 채
떠나지 못하는 그리움의 강도
세월 지나면 내 탓이고 몫입니까?

어떻게 하려고 당신은 나를
난 당신의 언저리에서
긴 그리움 지울 수 없는지
멈춤은 또 다른 시작의 끝입니다

처음이자 마지막

만질 수 없는 그대는
내 곁에 있어야 할 사랑인데
지금은 어디 계시나요

해맑은 눈빛처럼
그대 향한 마음의 표정은
그대를 웃게 하여도
내 눈빛에 그리움만 커집니다

눈감고 귀를 막아도
첫사랑이란 것 다 알기에
당연히 내 그리움이 되는 것은
어쩔 수 없습니다

침묵하는 그대는
바람에 흔들리는 꽃처럼
내 처음이자 마지막 사랑입니다.

윤외기

애화

기억 저편에 도망가는
총총 하얀 그리움 따라갔더니
그곳엔 내 그림자가 두 팔 벌리고
환한 미소로 기다리고 있었다

앞만 바라보는 내 진심마저
하얀 동심 같은 모습으로
웃어주던 그대 미소 띤
그림자로 가슴속으로 들어왔지

초록빛 싱그럽고 파릇함에
감색 짙은 그리움처럼
잊지 못할 깊은 상처 털어내며
다가오는 그대 모습처럼 정겹다

가슴 포근한 사랑아 미안해
하얗게 털어 낸 방랑의 길
그대 사랑한 모습까지
쭈뼛거리며 서성이다 돌아간다

몽정

다홍빛 노을이 흐르는 가을
숨 가쁘게 문턱 넘을 때
무릎이 뚝뚝 꺾이고
눈 앞에 펼쳐지는 환영은
그리움의 물결 속에 담아버린다

틀어쥔 아귀에 슬픔만 남길 뿐
붉은 기운으로 내뿜으며
윙윙거리는 자장가 소리에
달라붙은 강가의 슬픈 노래는
한나절 열기에 빨간 소리 울린다

붉은 석양에 홍조가 물들면
호젓한 강가에 머물다가 맴도는
사랑이 얼마나 깊고 깊으면
당신의 슬픈 눈물 소리가
가을빛 저 먼 곳에서 들려온다

무장 된 그리움 털어내며
붉게 타오르는 가을은
가슴 타게 에인 침묵의 소리는
아직도 아픈 눈물로 남아도
나눌 수 없는 슬픔은 슬픔이 아니다

윤외기

1호선 전철역

1호선 전철역에는
동면에 취한 사랑이 졸고 있다

무심하게 달리는 창가에
수 없이 달려드는
추억의 노래는 행복에 젖는다

한여름의 추억은 어디로 가는지
안갯속을 헤매는 여인은
그리움만 남겨둔 채
추억을 더듬는 1호선 전철

긴긴 겨울밤 창가에
그리운 임의 영상 떠오를까
전철은 종착지까지 달려가지만
촌부의 왁자지껄한 소리에
미련두지 않는다

1호선 전철역에는
행복을 찾아 방황하는
사랑이 졸면서 마른침 삼킨다

부소담악(芙沼潭岳)

산길을 휘돌아 드니
점점 물들어 가는 나무들이
바람의 언덕에 기대어 수런거린다

바위틈에 걸터앉은
노랗고 붉은 단풍잎들이
햇살에 비취는 고운 자태 드러낸다

하늘은 기억하는지
언뜻 스쳐 가는 구름 사이로
긴 그림자 드리운 채 시월로 물든다

능선 타고 일어나는
황홀한 노을이 붉게 타오르고
바람은 세월의 시간을 멈추게 한다.

*부소담악(芙沼潭岳) : 호수 위에 떠 있는 병풍바위

윤외기

2부. IN-N-OUT의 비밀

인연을 지켜볼 때마다
잊어버린 추억이 몽글몽글 피어나고
주마등처럼 기록된 시간따라
들어오나 나가나 복 주시는 당신

    IN-N-OUT의 비밀 -중-

IN-N-OUT의 비밀

별비가 내리는 날이면
당신도 나처럼
하늘만 쳐다보고 있나요

가슴 아프게 보고 싶다고
굳이 말하지 않아도
달은 밤하늘의 별을 지키고 있듯이
당신도 늘 내 곁을 지켜줘요

인연을 지켜볼 때마다
잊어버린 추억이 몽글몽글 피어나고
주마등처럼 기록된 시간따라
들어오나 나가나 복 주시는 당신

설레듯 일렁이는 별꽃은
바람결에 다가왔다가
그리움의 시간으로 묻어버린다

세월은 널 떠나보내고

고장 난 시계는 감정 없고
시간은 그것마저 세월로 멈춘 채
허공 속으로 긴 한숨 내뱉는다

제자리에서 한 소절 읊고
멍하니 보내고 우울감에 젖어
무거운 눈물 벗지 못해 풀무질한다

기억은 을근거림마저 벗어버리고
지울 수 없고 채울 수 없는
바람은 느개 위를 힘겹게 기어간다

눈동자에서 너를 떠나보낸 후에
하루를 걸치고 힘에 겨운지
아쉬움에 서러운 눈물로 칭얼거린다

짓무른 눈은 이제 그만하고
정지된 시간은 퉁퉁 부은 눈가에
널 그리는 무심한 세월로 떠나보낸다

윤외기

세월 가면

사랑의 씨앗을 뿌리듯
옆으로 비켜 가는 그림자 하나가
아쉬운 얼굴로 서성이다가
오롯이 새벽 차가운 이슬 거둔다

아삭거리며 밟히는 액체
밤새 뿌린 사랑의 부스러기인가
세찬 바람에 휘날리다가
그대 곁으로 사랑이 흩어진다

천사처럼 빛고운 밤에
사랑을 전하는 정갈한 옷 갈아입고
그대 곁으로 날아가는
여린 가슴에 바람만 가득하다

인연의 노래

바람의 선율 따라 잠재우며
그리움 하나 잠깨우지 못한 채
감미로운 기지개 켠다

하루의 숨결로 움직이다가
때론, 날아가듯 멈추는 시간은
앞섬과 뒷섬을 헤아린다

멜로디 길게 잡아당기며
눈 찡긋거리는 세월도 잊은 채
둥글게 천천히 숨통 조인다

엉킨 길섶에 쌓아둔 모습은
여전히 빛나는 눈물로 채워가는
놓을 수 없는 인연이란다

윤외기

바람에 물들다

옅은 바람이 불어오면
가슴을 쑥 내밀더니
몽글거리며 긴 목을 휘감는다

나를 위한 상흔은
무한 감격의 파열음조차
부드러운 멜로디로 연결된 감성은
그리움의 코드로 시작한다

닿을 듯 천천히 걷다가
우수수 떨어져 뒹구는 갈잎처럼
미련한 흐느낌의 눈물은
드문드문 그리는 그림자 흔적 밟는다

오롯이 껴안고
안기는 추억 만드는 기억조차
바람은 널 만나고 싶단다

맥문동

바람이 천천히 불던 날
꽃향기가 황홀하게 하는 시각
급하지 않을 만큼의 바람은 안단테
그때 또다시 만나고 싶다

햇살 닿는 곳에 피는 맥문동
온화한 미소 감출 수 없어
휘날리는 머리카락 바람에 맡기고
잰 발걸음만 산들거린다

가을 햇살이 밉지 않고
잔물결에 흔들리는 향기 되어
꽃무리 휘젓는 바람이 얄궂게 해도
오롯이 날고 싶었나보다

그립고 그리웠던 시간
빛의 환상으로 그곳에 있었고
가슴 설레게 하던 빛살을 만날수록
더 깊은 그리움 만들었지

윤외기

단풍 연가

내 것이라 소리치는 바람에
금방 터질 것 같은 눈물 보따리
다 잊었다고 말해도 따라오는
알 수 없는 서러움에
떨지 않으려 잡은 손아귀

어쩌자고 자꾸만 찾아오는지
되돌아갈 길 찾지 않아도
피눈물로 뚝뚝 떨어져
살점 찢어지는 고통보다 심한
불덩이처럼 활활 타오른다

다 태워버릴 듯한 기세는
죽어야만 다시 태어나는 허상에
얼굴 없는 상흔까지
붉게 물드는 그림자 모습조차
주름진 얼굴은 노을처럼 물든다.

기억의 끈

꺼지지 않는 미소에
하얀 등불 하나 간직하고 있다면
당장 꺼내 비춰주고 싶어도
찾지 못한 불빛 하나가 안타깝다

헤매인 마음 헤아릴 수 없어
어둠 속으로 기어들어간다 해도
가슴속에 고이 간직한
작은 불빛을 잊을 수 없다

눈빛 하나 담긴 마음의 깊이를
겉으로 드러낼 수 없을 만큼
흐릿한 기억의 끝에서
작은 불빛으로 가슴 채웠다

어둠 속에 웅크린 어깨
눈 안에 숨었던 가슴 감추고
슬픈 눈물 보듬어 안아
몰래 숨겨 둔 채 들여놓았다

윤외기

홀씨

꽃이 슬프다는 것은
빼꼼히 고개 쳐든 꽃술마저
잃어버린 꿈처럼 비바람 몰아쳐도
당신이 보고 싶다는 것이다

그늘진 눈시울 아래
서러움에 찌든 빨래처럼 매달리고
이유없이 떠오르는 그리움

꽃잎에 주렁주렁 매달려
가위눌린 가슴 답답함으로 채워도
지키지 못할 아픔이 포옹한다

한바탕 서럽게 울고 나면
보이지 않아도 보이고
파랗게 멍들어 아쉬움에 흩날려도
피멍든 가슴이 괜찮아지려나

갈잎의 노래

붉음이 한 발 더 가까워진 가을
뜬 눈으로 새벽까지 몸부림치다가
순간 눈 감아버리면
혼절했던 정신이 들락거린다

깜박거리며 소나기처럼 울부짖더니
마음 알아챈 하늘은 우르르 꽝꽝
번쩍이는 분노로 내리찍는 하늘은
눈물이 차라리 시원하다

요란스럽게 울어버리는 마음처럼
또다시 만날 수 있으려나
갈바람이 거칠게 나뭇가지 흔들더니
정신없이 잎새로 떨어진다

아찔하게 달랑거리는 잎새의 버팀도
푸른 계절을 지나며 이렇게 사라질 순 없다고
떠날 때가 아니라는 아우성도
미련한 마지막 잎새에 바람이 분다

윤외기

바람의 동행

아린 새벽 공기를 가르고
목덜미 타오르도록 달려든다
그리움에 익어버린 밤이 좋아지는
진실한 마음 어떻게 말할까

허리춤에 휘몰아치고
첫새벽 운무 속을 파헤치고
애타게 지키던 서러운 마음 하나로
그립던 시간은 점점 멀어진다

설익은 어우러짐 하나가
사랑스럽게 매달려 누워있다
새벽 잠들지 못한 바람을 떠나보내고
카타르시스 향기로 나를 던진다

지친 육신 환희로 깨울까
아직 살아 있다고 알려주는 몸짓
멈출 수 없는 도시의 빌딩 틈 사이로
살며시 손 내밀며 반긴다

들국화 연가

산기슭 끝자락 들길을 오르면
지천으로 피고 지는 들국화
꽃향기에 발걸음 멈추면
스산한 바람에도 가슴 조이며
입안 가득 터져 나오는 탄성 소리

푸르다 못해 파란 하늘 위에
떠 있는 구름 같은 마음
사랑한 만큼 들국화꽃
너울거리는 숨결 꺾어다가
늦은 밤 잠 못 드는 임에게 전하리

가슴 속에 숨겨 두었다가
궂은날 써 내려간 장문의 편지보다
억겁의 인연 속에 담아둔
진한 사랑은 가슴에 안기고
세월은 수없이 피는 꽃이어라

노란 꽃잎 앞에 쪼그려 앉아
먼 기억 속으로 떠나면
달콤한 눈물로 흘러내리고
화려하지도 향기롭지 않아도
꽃 피는 그늘 아래서 입맞춤한다

윤외기

길섶에 멈춰버린 시간

언제부턴지 내 곁에
바람 한 점으로 찾아와서
그림자 하나로 머물고 있습니다

한낮의 열기로 밀고 들어와
밤의 포근한 달빛도
내 그리운 풀꽃 사랑을 닮아갑니다

그리운 눈망울 닮아
슬프고 쓸쓸하게 보일지라도
때론 다 잊으려고 원망했습니다

풀꽃은 부재의 시간 탓에
무엇을 어떻게 말하려는지
언젠가 그림자 세월을 따릅니다

그리워 잠 못 이루는 소리
더 늦기 전에 보고 싶어
애타는 모습이 보이고 들리나요

떠날 땐 길섶에 멈춰버린
외로움과 눈물로
헤어짐이 슬픔이란 것 알았습니다

파도의 눈물

동백나무 숲 끝에서 불어오는
바람을 온 가슴으로 막고
덤덤하게 흩어지는 섬을 지키며
동백꽃 피는 바닷가에 살고 싶습니다

눈 감으면 하얗게 부서지는 파도
수평선 끝에 피어나는 구름을
포구로 귀항하는 만선의 깃발로
화폭에 옮기며 그렇게 살고 싶습니다

밤낮 가리지 않고 철썩거리는 파도
스치는 뱃고동 소리와 갈매기
비릿한 갯내를 바다 향기로 채우고
파도에 어깨 기댄 채 살고 싶습니다

풋잠에 열리는 바다는 검고
가슴 깊이 들려오는 속울음이
하늘로 솟구쳤다 떨어지는 것은
비에 젖은 당신의 촉촉한 사랑입니다

윤외기

잃어버린 바다

가슴에 가득한 바다 향기가
기억으로 밀려오는 파도 소리처럼
가슴이 먼저 기억하는 코끝에
슬픈 멜로디로 들린다

어둠속에 파도가 밀려드는
잃어버린 시간은 물거품이 되고
귓속에 아픈 멜로디가 되어
가슴 아프게 때리는 바다

사랑 한 줌을 편지로 써보내며
그대 느낌으로 들리는 파도 소리에
귀는 단 하나만 골라 듣고
연약한 듯 쓰러진다

갯내음이 후각 후비면
파도는 작은 듯 작지 않고
밀려왔다가 멀어지고
끝없이 반복되는 줄다리기 한다

삶의 꽃

어쩌다가 널 가슴으로 안았는지
스스로 안겨든 그리움인지
착 달라붙은 서러움인지
가늠할 수 없는 경계선에 머문다

이미 각오한 아픔조차 다 잊고
한 발짝 다가서지 못할 길
방랑길 떠나는 초라한 뒷모습
등짐 진 무언처럼 할 말 잃은 그리움

손사래 치며 무조건 들어앉아
세월의 아쉬움도 외면한 채
가슴에 틀어박혀 줄 수 없을 만큼
사랑하는 마음으로 무장한다

가슴 먼저 가득 꼭꼭 채워
가지도 못할 길 떠나는 사랑으로
마음 밖으로 뛰쳐나가려는
삶의 꽃으로 배웅하는 마음 아프다

윤외기

추억의 숨결

마른 입술 더듬던 바람이
지그시 감은 눈시울
부드럽게 스치는 숨결은
잊지 못하는 바람으로 불어온다

아무것도 보이지 않아도
가슴에 들려오는 듯
듣지 않아도 그려지는
삶의 눈물로 사랑합니다

무채색으로 식어가는
형광등 불빛 아래서
천천히 침전되는 숨결을
달콤한 기억으로 끄집어낸다

안개 속으로 떠나버린
마법의 공간을 찾는
텅 빈 숨결은 사랑만 남긴 채
헤아릴 수 없는 추억으로 곱씹는다

바람의 비밀

바람은 그림자 뒤에 숨긴 채
은빛 머리카락을 맴돌아
무지갯빛으로 휘날리다가
치맛자락 속으로 숨어버린다

바람이 그늘 곁에 머물면
위로의 숨결로 흐르고
바다 위에 머무르던 파도는
낯익은 모습에 아름답게 보인다

아른거리는 그림자 사이로
포옹의 언저리는 그늘 만들고
바다 위에 하나로 비춰면
물결로 사라지는 그리움이란다

황금물결로 미소 한 줌 뿌리고
흩날림은 사랑해서 그리워
발길 끝에 닿는 흔적조차
은은한 달빛 여울에 광채 난다

그리던 그날처럼 스쳐 가고
잊지 못할 달빛 사이로
쉴만한 언덕을 찾아
넘나드는 바람도 사랑이란다

윤외기

사랑별곡

어디로 향해 가는지
사랑은 원래 다 그런 걸까
너무 아파 내 속을 다 꺼내기도 전엔
텅 빈 가슴 쳐다보지 못했습니다

하늘에 떠 있는 슬픔이
얼마나 크고 많은지 몰라도
내 아픔 속에 숨어버린 당신의 사랑
이젠 쳐다볼 수 없습니다

외로움과 아픔도 아득히 먼 곳까지
가슴 속에 날아든 허풍선처럼
허공으로 날려버리려다
문 열자마자 가두어 버립니다

어디로 향해 가는지 몰라
가슴 쓸어내리며
할 일 없이 가슴 깊숙이 자리한
허풍선 밀쳐내듯 던져도 출렁입니다

당신을 사랑으로 채워버린 시간
가는 곳이 그 얼마나 멀길래
가슴 아파하면서도
그곳이 어딘지 모르고 따라갑니다

갈피

켜켜이 잠재워 둔 마음에
언제부터 아쉬움이 자리하고
한 장씩 넘길 때마다
살아있다고 불쑥 내미는
아픈 그리움이 갈피마다 꽂힌다

헤윰을 풀어 놓은 하늘 그리며
깊고 짙은 그림자 만들어
가슴 깊이 간직한 채
기다림 속으로 옮겨 놓은
낯선 이름 하나가 사랑인 줄 모른다

잊음도 잃어버림도 없이
천천히 숨 조여 오듯이
그립다고 전하는 마음은
숨통 끊어지게 보고 싶은지
들숨 날숨으로 거친 숨 내뱉는다

세월을 따라가고 싶어도
일렁이는 바람은 물보라 치듯이
실타래처럼 뒤엉켜버리고
그리움은 아픔이 되어
느낄 듯 강하고 거칠게 타오른다

윤외기

사모곡

내가 사랑하는 것보다 더 아름답고
점점 잊혀가는 당신이라면
숨어버린 바람 소리에도
파랑으로 흡수하는 내 당신을 사모합니다

보이든 보이지 않든지
당신만 있으면 다 되는 것을
짙어가는 그리움으로 가득 채우고
앙다문 입술과 가슴 속으로
살며시 다가와서 입맞춤하는 사랑아

가슴으로 말하고
안개 속에 헤매지 않으려
묻어버린 아픔이 사랑으로 포옹하여도
사무친 그리움은 내 가슴에 머뭅니다

귀 울리는 말들이
보고 싶은 마음 억누르며
그리움 앞세워 죽을 만큼 보고 싶어도
아스라이 멀어지는 시간
미칠 것 같은 보고 싶음이 찾아듭니다

내가 울음 운다고
당신은 그리움의 옷을 벗어 던지고
보고픈 모습으로 오시렵니까
이렇게 그리워하고 보고 싶어도
느낌 간직한 사랑은 서러움에 통곡합니다

윤외기

별이 빛나는 밤에

깨알처럼 별꽃이 쏟아지던 날
뜰에 핀 한 송이 꽃이 되어
모락모락 피어나는 햇살에 안겨
불어오는 바람에 그네 타는 당신

한 마리 하얀 나비가 되어
떨리는 가슴에 입맞춤하다가
긴 낮잠에서 깨어난 쪽빛 하늘이
검붉은 잉크를 쏟은 것처럼 노을 진다

개울가에 앉았던 동박새도
가느다란 나뭇가지에 깃털 스치듯
싸늘한 바람에 등 떠밀려서
쓸쓸한 웃음 남기고 날아갑니다

둘이서 나란히 툇마루에 걸터앉아
도란도란 어린왕자 이야기하다가
머리카락을 매만지는 동안
무릎을 베게 삼아 잠든 당신

눈 감으면 바람결에 묻은 향기에 취해
유난히 별꽃이 빛나던 밤이면
조용히 부르는 노랫소리가
별빛 총총한 밤하늘 끝까지 퍼진다

바람개비

짙어가는 가을 속으로
날갯짓하던 잿빛 바람이
그리움의 둔덕 위로 날아든다

옷고름 잡아당기며
치맛자락 붙잡고 애원하면
그때는 파수꾼이 되어 기다리려나

내버려 두고 보내주면
언제 돌아오려는지
그리움이 닳도록 날갯짓하며 날아든다

머리끝에서 발끝까지
아쉬움이 바람개비처럼 돌다가
제자리로 옮겨 놓는다

고이 접어 보낸 사연마다
보고 싶은 가슴을 비켜가는
바람처럼 아우성치며 숨 죽인다

윤외기

노을빛 사랑

노을이 빨갛게 흥분하니
가슴속 연민으로 들썩이고
받아 든 마음 들추더니
당신이 남긴 사랑을 기다린다

사랑이 얼마나 크길래
눈물 보이지 말고 기다리다가
가슴 넘치게 보내준 마음은
오직 당신 하나만 그리워합니다

내 안의 사랑이라더니
모호한 기억은 편린의 영역에
노을빛 짙은 마지막 사랑은
눈부신 아련한 노을빛 담는다

보내준 사랑이 너무 좋아
입가에 미소로 눈물샘 보이더니
가슴안에 고이 숨겨버린
당신의 가슴인 듯 꼭 안긴다.

기다림의 끝

생각할수록 가슴 뛰는데
하르라니 날리는 헛웃음은
거친 바람에 나목이 흔들려도
그리움으로 치장한 채
길고 긴 기다림도 사랑이란다

섬세한 마음으로 새기고
긴 기다림을 기억해 내는 맹세에
영원한 사랑을 간직하려는지
가녀린 눈물의 흔적조차
세월이 흘러가도 지울 수 없다

그대는 사랑으로 견디며
바람 불면 보고 싶은 마음처럼
기다림의 끝에서 잠재우더니
목덜미 타오르는 눈물마저
잊고 지내온 삶의 바람이란다

윤외기

바람의 향기

목덜미 잡힐 듯 벗어나도
당신의 한숨 소리는
몽환 속으로 빠지게 하고
발그림자로 다가서지 못한다

바람의 향기에 취해버린 당신은
세월 속에 던진 사랑
허우적이다가 푸닥처럼
속살 비취는 그리움만 날린다

가슴 채워버린 그리움이
기다림의 영역으로
먼저 다가와서 지키고 있어도
발걸음 한 발짝 줄이는 그림자다

발끝 세워 바라본 아쉬움에
한나절이 지나가고
설렘을 가슴에 들여놓고
또 한나절이 다가와도 오지 못한다

먼 기억 속의 당신

오직 당신만이
내가 금 그어둔 시선 안에
머물게 하고 싶은 사랑입니다

기억 속에 갇혀
미소 하나로 잡아 둔 당신은
만나고 싶은 갈망으로 이글거린다

번들거리는 사랑이
풀죽은 사랑 때문에 기죽어
음침한 구석방에 처박혀 있더라도
아직도 당신은 사랑입니다

처량한 신세타령에
슬픈 그림자로 선 그어버린
얼굴에 붙어버린 긴 한숨인가요

무딘 가슴골 사이로
황량한 바람이 불어오면
휘파람 소리에 가슴 무너집니다

윤외기

바다별곡

바다가 바다로
가슴속 그리움이 숨어 있는
그곳으로 찾아온다

당신이 바다로 내보내는 것은
그리움을 주고받은
파도에 밀리고 밀려가듯
보고 싶은 만큼 깊다는 것이다

바닷바람이 넓게 분다는 것은
쓸쓸하게 묻어나는 당신의 향기마저
가슴 찢기는 고통처럼
빨간 그리움으로 흘러내린다

바다가 바다로
사랑이 지키고 있던
그리운 모습으로 다가선다

못다 부른 연가

순백의 웃음이 날갯짓하며
사뿐사뿐 여린 숨결로
다가오라는 바람 소리에
진한 사랑으로 떠나보낸다

밤마다 고개 추켜세우며
그리움이 잠들게 하고
가슴이 전하는 못다 부른 연가
어제 그리고 또 오늘이란다

그리움의 연정으로 피어나
마음 밭에 이슬로 담긴
영롱한 은빛 봉오리조차
별빛 향해 사랑을 꽃피운다

핏빛으로 흩어졌다가 물들어
널브러져 빛바랜 영상처럼
빛줄기마저 보이지 않아도
앞이 보이지 않는 이별이란다

윤외기

3부. 꽃길 따라갔더니

호젓한 꽃길 따라갔더니
가슴 아픈 사연 전하지 않아도
그곳에 그리움만 가득하길 원하는지
바람결에 시샘하는 가슴에
얄미운 사랑이 꽃술로 흔적 남긴다

꽃길 따라갔더니 -중-

빗물

말없이 흐르는 빗물도
보고 싶은지 주춤거리다가
돌아서지 못하고 대롱대롱 매달려
눈물 흘려도 마르지 않는다

논두렁에 달린 빨간 열매가
바람 섶에 걸려 아파해도
흩날리는 서러운 눈물도 꽃인데
보고픈 임은 언제 오시려나

말없이 기다리다가
흐르는 강물은 잊지 못하고
아무도 모르게 내 앞에 서 있음은
고개 숙인 못다 한 사랑인가?

동경할 수 없는 세월마저
가슴만 타게 하는 눈물처럼
못내 보고 싶었던 임의 그리움조차
바람의 속삭임은 알고 있겠지

꽃길 따라갔더니

호젓한 꽃길 따라갔더니
가슴 아픈 사연 전하지 않아도
그곳에 그리움만 가득하길 원하는지
바람결에 시샘하는 가슴에
얄미운 사랑이 꽃술로 흔적 남긴다

눈꼬리 치켜든 가슴에
흥분한 열꽃 돋아나는 사랑이
불꽃 댕기며 연기로 피어오르더니
시뻘겋게 멍울진 가슴마다
차가운 질투로 덕지덕지 붙었다

바람결에 따라간 그곳에
내 가슴속 사랑 전하지 못한 채
가녀린 바람으로 남아 있으면 되는데
풀꽃에 흔들리는 세월조차
찢긴 가슴에 방긋 미소로 답한다

윤외기

꽃지면 당신도 오시렵니까

가슴속 봇물 터지는 서러움
꽃이 피고 지면 혼자 다 갖고 싶은지
목덜미 속에 뜨거운 액체 삼키듯
마른침 꾸역꾸역 밀어 넣는다

보일 듯 말듯 내가 사랑한 당신은
오직 나 혼자이길 원하지만
키 작은 사연으로 간직한 당신은
묻지도 따지지도 않고 속앓이 전한다

우연히 찾아든 인연에 시린 가슴
자박자박 내리는 빗줄기마저
그렇게 가슴 속으로 파고들어 오더니
꽃피고 지면 기다린 당신도 오시렵니까

사랑은 눈물 속에 피는 꽃

어떻게 하려는지
사랑 아닌 사랑 때문에
한 발짝 멀리 떨어져 지키다가
또 하루를 떠나보냈다

마음 머무는 그곳에
한발 다가서지도 못한 채
한없이 기다린 그리움만 전하고
또 하룻밤을 새워버렸다

당신 향해가는 마음
숨겨도 다 아는데
그냥 반겨주면 되는 것을
서러움의 속앓이는 왜 하는지

간절함에 머리 숙여
눈물에 대한 기억마다
그리움에 애타는 마음 뒤로 하고
눈물 떨굴 수밖에 없습니다

윤외기

잊지 말아요 1

기억의 길을 찾아가면
혹시 남아있을 흔적이라도
한 조각 찾을 수 있을까 하는 기대감
물어봐도 아는 이 하나 없고
어떻게 사는지 알 수 없습니다

늘 감사하고 고마웠다고
전하지 못한 말 전하고 싶다고
더 늦기 전에 보고 싶었다고
마음속에 담고 살아왔다는
말마저 잃어버려 전하지 못합니다

동행하지 못한 시간
만날 수 없는 세월 속에서
잘 견디고 있다는 소식 들려오면
아쉬움의 눈물 흘리지 말고
만날 수 없는 사랑 잊지 말아요

잊지 말아요 2

먼 기억조차 어떤 것들의 추억이 되고
눈물로 남아 잊을 수 없습니다

갈대숲에 낙조가 내리는 순간
평화로운 대지를 품에 안고
세월의 비는 광야를 지나간다

비가 내리고 눈이 와도
사랑 외에 아무것도 아닌
당신은 완전한 나의 사랑입니다

꽃과 노래가 향긋한 차 한 잔 내려준
당신을 그리워해도 될까요

사랑함이 초라할지라도
추억 속에서 다 잊어도
기억하는 것조차 그리움입니다

윤외기

만추의 기도

햇살 좋은 늦가을 고목 끝에 매달려
바람에 팔랑대는 단풍이 곱고
넘길 수 없는 책갈피 속에
이별로 축축하였던 기억조차
울타리에 걸쳐 뽀송뽀송 말라간다

노란 국화 꽃잎 하나 따다가
찻잔에 동동 띄워 놓으면
곱게 빗어 내린 머릿결처럼
길게 늘어진 실버들 살랑이듯
잊어버린 마음마저 비워버렸다.

가을바람이 기웃거리는 하늘
커다란 양푼에 푸성귀 한 줌 뜯어
꽁보리밥에 들기름 넣어 비빈
초라한 밥상에 빙 둘러앉아
햇살만큼 따뜻한 사랑을 꿈꾼다

고백

애타게 사랑하기에
마주한 가슴에 여명의 불 댕겨
가슴 속에서 꺼지지 않는
사랑의 불을 지핀다

쏟아지는 사랑에
가슴은 살아갈 에너지로 채우고
간절한 사랑의 맹세로
이젠 울지 않는다

사랑한다는 것보다
만날 수 없어 보고 싶다는 고백을
여명의 향기로 가슴 전하며
추억의 책장을 넘긴다

윤외기

묻어버린 추억

눈 뜨지 못한 채
가슴속을 들추어내면
사랑은 영원한 꿈이 되어
억지로 짓누르던 가슴 잠재운다

알 수 없는 당신
죽어도 지워야 할 아픔조차
묻어버린 추억처럼
버리지 못한 채 움켜쥔다

사랑이란 이름으로
미로 속에 웅크리고 앉아
막히는 숨구멍 찾아 방황하다가
어지럼증을 토하지만
추억은 두둥실 춤추며 흩어진다

애틋함 떨치지 못하고
가슴 속에 우뚝 서 있는 당신
무심코 스쳐 지나가는
바람으로 안기는 그리움이여

여전히 가슴에 멍울로 남아
고통의 아픔 끌어안고
죽을 만큼 아파도 던지는 한마디
내가 당신을 사랑합니다

윤외기

회상

꽃 피는 먼 기억 속으로 날아가면
혹시 남아 있을 추억 하나 찾을 수 있을까 하는
기대감조차 이방인처럼 낯가림이 심하게
몸부림 막아내려 발버둥 친다

이럴 줄 알면서 그리움 깔지 않으려
쏜살같이 떠나버린 마음
내 것이 아니란 것 알고 싶은지
가슴앓이하지 않으려 눈물 훔치며
죽을 만큼 아파도 참았습니다

잊어버린 회상의 그리움이 내리면
고마웠다고 전하지 못했던 말
더 늦기 전에 한 번은 보고 싶어서
늘 마음 한 모퉁이에 숨겨두고
지냈다는 말을 꼭 전하렵니다

그리움의 소곡(小曲)

사랑하니까 죽어도 보낼 수 없어
들숨으로 들이킨 그리움이
해 저문 강변에 어둠처럼 덮여온다

어쩔 수 없이 밀려드는 그리움
보고 싶어 하는 가슴 속에서
숨을 쉬는 내 그리움 되어
우슬초의 정결함으로 걷는 그림자

그리워하는 마음 사랑하니까
여린 빛줄기에 입맞춤하는 두 볼에
불그레한 수줍음이 머무른다

그리움이 사랑으로 밀려들면
바다는 진 다홍빛 노을 따라
잿빛 수줍음으로 만들어
잔물결 일렁이는 바람꽃이어라

윤외기

침묵의 소리

미치도록 보고 싶을 때마다
지그시 어금니 깨물며
참고 견디며 묻어버려도
꿈에 보고 싶다고 가슴이 부른다

명치끝을 지그시 누르면
그립다고 되풀이하는 기계음처럼
서러움의 눈물 쏟아내며
애타게 불러보는 그 이름이여

하늘에서 내리는 비를 맞아도
묻어버린 침묵의 소리에
아무렇지 않은 척 눈물로 삼키며
눈물 아닌 빗물이라고 우긴다

눈까풀 아래로 고이는
가슴 설레는 미소가 물 파장에
마음은 파도처럼 출렁거리는
기억이 소리 없이 내린다

가슴에 꽂히는 행복한 표정 남기며
마음 쓰지 못하는 아쉬움조차
머뭇거린 끝에 묻어버린
내 그리움의 마지막은 당신입니다

준비 없는 이별

저녁 안개가 그림자로 내리면
한 마리 파랑새가 되어 유혹해도
잊음도 지움도 하지 못하고
세상 속으로 텅 빈 마음 흘려보낸다

세월 가면 살아있음에 감사하며
밤의 속삭임이 시작되는 시간
탄생부터 끝나는 그날까지
흔적 남기고 싶은 것들로 무한하다

우연히 거리에서 마주친 인연
피곤을 이기지 못하고 이끌려도
세상을 걱정하는 아픔 때문에
이젠 미래가 없을 것 같은 눈빛이다

아직 살아 숨 쉬고 있지 않은가
살아야 할 미래가 있기에
준비 없는 이별의 몸부림조차
살아 있음에 후회하지 않는 사랑이다

윤외기

눈물의 소곡(小曲)

내 눈가에 이슬처럼 망울지고
아픔도 참고 켜켜이 잠재운 시간
숨죽인 사모의 정이 애끓는 활화산
연속으로 터지는 교차점에
불꽃처럼 외치는 흔적이 멀다

멀리서 인사하는 불빛마저
비의 그리움 가슴 깊이 묻어둔 채
애타게 눈물로 인사하는 미소는
긴 사연 속에 그리움 담아
가슴에 붙이고 기다림으로 덮는다

한 폭의 긴 그리움이 새긴
시린 가슴에 눈물 앞세우더니
사철 변함없이 사랑한다며
풀잎 하나 살며시 양각시키는
하얀 미소 그리움에 노을이 물든다

꿈의 대화

당신 가슴에 입 맞추고
가녀린 바람에 풍기는 단내
설렘의 그리움으로 토닥거린다

꽃이 전하는 속삭임은
빛나는 영혼의 떠오름에
남색으로 물드는 사랑이어라

당신의 깊은 눈으로 걷어 올린
빛고운 사연은 기억 끝에서 인연이라 말하지

긴 기다림의 끝에 사뿐히 내리는 마음조차
핑크빛 여운 닮은 시간이 되어

추억은 기억이 되고
고개 숙인 부끄러운 모습은
에인 가슴 찾겠다는 약속으로 묶는다

윤외기

다솜의 일기

다 쓰지 못한 그리움이
한없이 봉긋 솟아오를 때면
그리워하는 마음조차 옮기지 못하고
마음속에 삐뚤어진 채 뒹구는
무질서의 혼돈이여!

봄바람이 그리움처럼
임의 향기 뒤집어쓴 채
꼼짝할 수 없는 옥죔에 움츠리고
하늘을 날으는 풍선처럼
당신의 첫사랑으로 매달린다

사랑이라 쓰지 못한 채
바람 빠진 마음 접어야만 하는
못다 한 사랑 어쩌면 좋을지
밤이 짧았던 시절이 어제 같은데
심장 소리 들으며 써 내려간 일기장

꼭 다문 입술 열고
들려줘야 할 사랑이 솟구침은
밥을 굶어가며 써 내려간 그리움
입술 다물고 곪 삭은 아픔 도려내며
사랑했다는 말 던질 수 있을까

여백의 끝

끝없는 여백의 쉼을 아는지
그리움이 깨어난 시각
가슴에 맺힌 사랑 끌어안는다

여운의 꽁무니 잡고 따라가면
힘겹게 자리한 마음처럼
오직 그대 하나만 지키고 있다

그리움으로 점철된 사랑 되어
뇌리에서 부서진 세월은
만남과 헤어짐은 흔적도 없다

쌓인 가슴 속에서 밀어내면
피 말리는 아픔을 느낀 채
이별이란 서러움도 지워버린다

윤외기

그리움의 탈

불빛 쓸어 담고 기다리면
아득히 먼 곳에 맡겨둔 아쉬움도
창문 너머로 보이려나

당신 곁에서 한 걸음 비켜선 채
살며시 다가와 달콤하게 고백하듯
그리움 고개 넘어가는 빛줄기

견디지 못하고 울다가 지쳐
한 발짝 가까이 찾아오길 기다리다가
당신 향해 가는 마음일까

별빛이 쏟아져 내리고
거칠게 어깨 부대끼는 바람 불어오면
속울음 토하는 사랑받아주려나

슬픔이 뭉텅뭉텅 들어와
눈가에 흐릿하게 보고 싶은지
그리움의 탈 쓴 사랑으로 눌러앉는다

눈 내리는 날

김이 몽글몽글 피어나는
찻잔을 물끄러미 바라보는 눈빛은
눈꽃 휘날리는 창문 틈새로
다가오는 흐느낌에 취해
차가운 찻잔이 싸늘한 손에 안긴다

손가락 걸어 했던 약속도
수채화로 그려내던 사랑의 고리 되고
여린 손끝에 아련히 맺힌 멜로디는
먹먹하게 닫혀버린 가슴 앞에
칼바람은 애타게 그리움을 부른다

찻잔에 어슴푸레 스며드는
아린 기억의 강변에서
눈꽃을 기다리다가 참지 못하고
떠나보내는 바람의 아픔처럼
눈썹 끝에 덩그러니 곤두박질친다

윤외기

눈길 따라갔더니

눈길 따라갔더니 그곳엔 사랑을 안겨준
그리움이 떡하니 자리하고 있었다

눈에 여울지는 길목 접어들면
하나 둘 다가오는 그리움이
누가 먼저랄 것 없이 가슴에 안긴다

아마도 곁에 서성이던 시샘과
차가운 질투도 붙어 왔는지
눈꼬리 치켜든 가슴에 불을 댕기고
흥분의 열 오름은 시뻘건 가슴에 연기 난다

눈길 따라간 그곳엔 그리움만 있으면 좋을 텐데
마음 전하지 못하고 시샘하는 가슴에
질투라는 미운 사랑으로 남긴다

여명의 눈동자

파리한 여명을 머금은 새벽길
햇살 사이로 싸늘한 비창이 들려오면
동녘 하늘에 흐릿한 별 하나가
외로움에 홀로 안타까이 울고 있다

억지로 마른 침만 꿀꺽 삼켜도
무언가 걸린 듯한 목구멍에
이유 없이 생목이 오르면
가시지 않은 어둠 속으로 사라진다

세월이 흘러 덤덤하게 지나가는
아련하게 잠자던 그리움이
깊은 잠에서 깨지 못하고
이대로 영원히 잠들기 소망한다

고독이 녹아내려 깨어버릴까
홀로 조용히 몸을 일으켜
어느새 동녘은 해맞이할 시간
잠 깨어 등을 감싸며 안겨드는 바람

윤외기

동백꽃 순정

노을보다 진한 사랑은 아니어도
진실한 마음 가질 수 있다면
발 동동거리며 동행하지 않았으리
어쩔 수 없는 일이라 치부해도
텅 빈 가슴은 동백꽃 향기로 가득하다

고귀한 사랑을 거부하는 몸짓은
시간이 흐를수록 더할 텐데
차라리 시샘과 질투로 애태웠으리
거칠게 몸부림치며 끝내는 것이
더 좋을 것 같다는 생각이 뿌리내린다

덤덤하게 느낀 핏빛 그리움조차
기억 속 세월로 흘러도
무딘 촉감으로 사랑하는지
나열되지 못한 순정마저
사랑하지 못하는 시간의 구속이 밉다

잊을 수 없는 당신

잊을 수 없어 타박타박
함께 하지 못한 서러움에
울면서 길을 걸었습니다

당신 내 곁에 있던 순간도
아프고 서러웠습니다

사랑이라 말하는 순간
외로웠던 것도
이미 떠날 줄 예감했던 걸까요

당신 그럴 수 없다고
세상이 미쳤다고 욕하며 버려도
지켜줄 거라 믿었습니다

내 곁을 떠난 당신
지금은 얼마나 행복한가요

윤외기

기다리게 해놓고

그리운 이름 한 번 불러보았고
어긋난 인연으로 애써 외면하려
서러워 뜨거운 눈물 한 방울 떨군다

못내 그리워하다가
까맣게 타버린 가슴 한쪽에
기억의 흔적들로 빼곡히 채우려는지
꾹꾹 눌러 쓴 여백으로 찍힌다

보고 싶은 얼굴이 떠오르면
부드럽게 미소 띠며 눈부시게 다가와
외면하는 등 뒤에 꽂히는
그리움으로 여울진다

외면 속에서 얼굴 마주하고 싶은지
눈물로 외로움 훌훌 벗어버리고
물끄러미 바라보다가
오늘도 기다리게 해놓고

가슴 깊이 숨겨둔 그리움 때문에
덜컥 닭똥 같은 눈물로 가득 채웠다

바람길

내 마음속의 꽃이었는데
당신은 지금 어디에 계시나요
그리운 모습 앞에 서 있으면
눈물이 볼을 타고 흘러내립니다

먼 훗날 가슴이 부르는 사랑도
추억 속에 다 묻어버린 채
흘러내리는 눈물조차
반가운 마음에 손잡아 당깁니다

바람이 떠난 자리에
미련은 사랑으로 포옹합니다
못내 보고 싶었던 이름 부르는
그것마저 시샘하는 사랑입니다

지나버린 찰나의 잊음은
아무것도 아니었음을 기억해요
너무 짧은 순간으로 기억하고
촘촘하지 않은 시간도 행복입니다

윤외기

홀로 된 기억

기억은 눈물 끝에서
그대 사랑이 되어
둘이 하나로 둠실 둠실
세월의 시간과 짝짓기한다

한순간 뜨거운 사랑을
맛보고 싶었는지
그리움으로 이어지는
들숨이고 날숨으로 잇는다.

잔잔한 가슴에 머물다
한숨 내쉬는 그대
손끝에 맞닿은 눈물마다
온기 가득한 손등 타고 흐른다.

얼룩진 눈물조차
볼 수 없게 일그러져
잡은 손 놓지 못하는 아쉬움에
멀어지는 시간 속으로 흩어진다.

침묵은 고백이다

문득 임 생각이 시작되면
눈물로 가슴 빨갛게 물들이며
왜 내게 사랑인가요

어둠이 내리면 왜 보고 싶은지
눈은 이슬진 그늘 만들어
가슴 빨갛게 헤치고 기다립니다

임이 그리워 죽을 것 같은데
눈은 새벽부터 보고 싶은 마음에
가슴마저 태워버립니다

한낮 높아진 태양의 고도는
능금빛으로 물들이며
임은 사랑으로 불태워 버립니다

한 번 준 마음인데 보고 싶어
발버둥 치는 두 쪽 가슴은
이미 꺼내준 사랑의 고백입니다.

윤외기

어느 날 문득

외롭게 서 있던 가로수도
갈바람 타고 낙엽이 우수수 날리면
혼자 소주잔을 기울이면서
추억 속을 맴돌아도 소용없습니다

어느 날 문득
삶이 지치고 힘들 때
당신이 손수 여며 주시던 옷깃보다
그 마음이 더 따스했습니다

안녕이란 인사 대신에
물끄러미 바라보던 그 눈빛에
소리 없이 방긋 웃어주던
얼굴 떠올라도 기억하지 못합니다

목멘 이별을 삼켜버린 후에
아무것도 기억할 수 없는 환자처럼
그냥 하늘만 쳐다보렵니다

비에 젖어 구르는
마른 낙엽처럼 초라할지도
이제 우리의 인연은 여기까진가요

가을이 오면

목젖 치미는 서러움에
울컥대는 가슴마다 두근두근
볼이 빨개지는 풋고추

쌔근거리며 거친 숨 내쉬고
머리끝에서 발끝까지
지그시 미소 띄우던 그날처럼
온몸에 피가 소용돌이친다

아무것도 그리지 않은 백지에
그리움으로 태어난
셀 수 없는 인연 중에서
한눈에 알아보는 당신입니다

조급하지 않은 바람과
서걱거리는 갈잎은
둘이 하나 될 수 없다는 것 알까

윤외기

4부. 여인의 눈물

보고 싶은 그리움보다

죽을 듯 내리치는 가슴 떨어짐에

아무 말도 할 수 없는 가슴은

색깔 없는 눈물만 토한다

        여인의 눈물 -중-

끝없는 길

못다 쓴 마음 헤아릴 수 없어
사랑 때문에 아파할지라도
떨어지는 눈물처럼 잊어야 하나요

이별이 오지 못하게 동여매고
바람결에 날아간 그림자로
이젠, 그리움마저 지워야 하나요

미리 겁먹은 겁쟁이 된 마음처럼
그림자로 가슴속에 들여놓고
입술 깨물며 기다릴 수밖에 없나요

목젖 밖으로 뱉지 못할지라도
미련 없이 느껴주면 되는데
끝까지 쓰린 기억만 남기려 하나요

여인의 눈물

촛점 없는 사랑처럼
아무것도 보이지 않는 눈가림
가린다고 해서 보이지 않게 만들어도
다 보이면 얼마나 좋을까

쓸개즙보다 더 쓴 허탈감
어쩌면 매력에 마취된 상태에서
마취 후의 깨어남처럼
무지한 공허한 추위를 깨는 맛이다

보고 싶은 그리움보다
죽을 듯 내리치는 가슴 떨어짐에
아무 말도 할 수 없는 가슴은
색깔 없는 눈물만 토한다

윤외기

가슴에 넣은 날

혼자인 듯 외로움 씻기는
하나의 생각으로 연결된 인연
내 안의 목마른 갈증 알기에
그치지 않는 샘물로 사랑을 적신다

애틋한 그리움은 다 잊었지만
쪽빛 하늘은 청량음료이기에
오늘이 내일로 찾아와도
언제나 지금처럼 지키렵니다

햇살 비취는 자리에 피는 꽃은
가슴팍 휘젓는 바람처럼 얄궂지만
그것마저 밉지 않은 것조차
온화한 너의 미소 때문입니다

그립고 깊은 그리움의 시간
혼자인 듯 아닌 듯 가슴속에 넣은 날
처음 사랑이 마지막 사랑이 되어
첫눈처럼 네 곁을 찾는다

해와 달

푸른 하늘이 옷을 바꿔 입고
꽈리처럼 흩어져 내릴 때
영롱하고 화려하게 빛나는
보석 하나 가슴에 품는다.

슬픔과 아픔에 미움과 원망조차
기억하지 못하는 먼 곳까지
임이 두고 간 그리움마저
보석처럼 가슴에 숨어버린다

해와 달을 별처럼 바라볼 수 있다면
내 안에 탄식하는 한숨이 되어
뼈저림까지 사랑으로 품고
약속된 사랑은 없어도
말하지 못하는 사랑이란다

따스한 햇살이 기웃거리는
하늘 끝에서 끝으로 가는 인연처럼
사뿐히 내려앉는 마음조차
핑크빛 여운 닮은 시간이란다

윤외기

사랑 방정식

사랑이 그리움을 지나면
보고 싶은 마음 하나를 덧셈하고
설렘은 두 개의 사랑으로 흔적 남긴다

그리움과 보고 싶음이 만나면
사랑이 다가오기도 전에 곱셈하여
인연은 또 다른 애증을 꿈꾼다

그리움이 기다리는 사랑조차
조롱조롱한 빨간 꽈리처럼 덧칠하여
루비의 영롱한 보석으로 감춘다

하늘이 점점 멀어지는 거리만큼
햇살 여운에 영롱하게 빛나는
그리움의 끝에서 달빛으로 내린다.

짧은 사랑 긴 이별

울부짖던 지난밤 바람 소리에
홀연히 떠나는 숨결조차
얽힌 서러움이 익숙함일까
아니면 자신 있다는 교만일까
짓누르며 참았던 머릿속에
정리된 말들이 입 안에 쌓일 뿐
바람 소리 되어 나오던 그날
서럽도록 울어야 했기에
두 입술 꼭 붙이고 참았다가
홑이불 훨훨 걷어 젖히고
가볍게 날아오르고 싶은지
애써 날갯짓하지 않아도
깃털처럼 사뿐히 날고 싶은지
어느새 하얗게 벗어버린 나신으로
내가 당신 앞에 서 있습니다

윤외기

단미의 사랑

쪽빛 가득 내리는 창가에 기대면
그리움은 볼을 타고 흘러서
가녀린 빛줄기가 쌓이고 쌓여
하늘은 슬픔의 눈물로 스며든다

찬란한 불빛이 걸린 자리에
창가에 흐르는 잔잔한 숨결이
밤에 반짝이는 가슴 열고
빛줄기 속으로 뛰어드는 당신의 삶

피고 지는 흔적들이 그리워
반짝이는 별꽃의 굴레로
쏟아지는 환영의 인사로 가둬
행복한 합창에 가슴 내려앉는다

사랑이 스며드는 불빛은
가슴속 사랑의 기억이 되어
반짝 화려한 가슴 두드려 다짐하는
빛으로 붓는 깊은 사랑 갖는다

당신은 사랑의 메신저
가슴 깊이 흐르는 세월에 지친
불빛 하나로 내리는 날이면
당신은 사랑의 빛으로 반짝인다

기다림의 눈물

아무도 모르게 울고 싶어도
가슴으로 울기엔 세월이 많이 흘렀다
암담하게 앞이 보이지 않을 만큼
한없이 작아질 때 숨어서 울고 싶었다

뭉쳐버린 시린 기억조차
버려야 할 것 버리지 못해 붙잡고
미치도록 아파해도 놓고 싶지 않은지
당신의 따뜻한 눈물만 남았다

가슴속에 내려앉은 사랑마저
옷깃에 닿을 듯 살며시 다가와서
살갗에 머무는 사랑을 비운
가녀린 기다림의 눈물로
이젠 가슴속에 고이 넣어두렵니다

윤외기

허상의 구름

아직도 마음 잡아끌며
행복한 순간으로 몰려들어
낭떠러지 끝에 주저앉은 몸 끌어당겨
저만큼 거리로 떨어뜨린다

가슴과 가슴 사이에서
허무의 세상은 허상과 짝짓기하고
거리엔 슬픔으로 가득하다고
긴 그림자 끌어당겨 한마디 던진다

서럽게 울어대는 가슴은
언제나 사랑만 하기로 했었는데
아프게 울던 허상의 구름은
떨어짐과 날림으로 허상의 세계로 날린다

가슴속 아픔으로 손짓하는
긴 고통도 슬픔도 없는
텅 빈 가슴으로 손잡아 끌어주고
눈물 끝 고마움으로 다가오는 서글픔이다.

무심에 대하여

가슴속에 흐르는 슬픔은
허상을 사랑하는지
낭떠러지 끝에서 한 발 내디뎌
아찔한 현기증 일으키는 바람 끝에
두 발 멈추고 몸을 날린다

물끄러미 내려다보이는
끝에서 끝이 아니라
어서 오라고 부르는 손짓에
빙빙 돌아가는 맴돌이가
소용돌이치듯 어지럼증 토한다

제자리에 철퍼덕 주저앉아서
이대로 무심한 세상 속에
사랑의 빛으로 들어가야 하는지
손짓하며 맴돌이하는
허상의 얼굴만 바라볼 뿐이다

윤외기

당신은 모릅니다 1

당신의 향기가
내 작은 숨구멍까지
우울로 들어차기에
헉헉거리며 가쁘게 숨 몰아쉬었지

우울로 덮인 이유를 찾아
이만큼 걸어가 멈춰 돌아보고
찾지 못할 이유를 찾아가는 마음은
어느새 답답함이 가슴 누른다

미친바람 때문에
하얗게 밤을 곱씹었던 시간
몰아쉬고 뿜어내는 그리움이었나
차라리 그리운 숙주를 찾자

가슴 깊이 자리한 그리움이
아직은 늦지 않았다고
아니 멀리 떠났다고
아주 멀어진 것 알고 있었다

사랑 때문에 아프고
아니 가슴 아플까 미리 겁먹고
약부터 먼저 챙겨
입안으로 털어 넣을 생각한다

아프지 않을 거니까
진통을 삭힐 수 있을 테니
그것은 자존심의 마지막 조각이니까
죽도록 아파도 내색하지 않았으리

윤외기

당신은 모릅니다 2

당신이 보고파지면
어김없이 기적을 꿈꾸는 가슴 시린 바람에
씻긴 달빛마저 끊어질까 불안합니다

시차 없이 밤은 깊어도
그리움을 잇는 여명은 창살 비집고
당신 곁에 다가갈 수 있다면 그것마저 사랑입니다

내 사랑하는 마음에 가슴 울림으로 다가오는
흐린 눈빛조차 뭉쳐진 덩어리 되어
당신 곁에 사랑의 빛 뿌린다

사랑했던 그리움이 거친 숨결로 살아있는지
사랑했다고 고백한 기억조차
당신이 떠난 자리에 흔적 남깁니다

사랑보다 깊은 그리운 마음 던져주려는지
텅 빈 가슴 가득 채우는 바람 되어
사랑의 세월로 꽂입니다

비밀 2

그리운 가슴은
사랑을 낳고 기억하는
잉태의 생명으로 간직한 가슴도
숨겨 놓는 사랑이란다

시간이 모여
한 시절을 남기고
무수한 언어로 난도질하는
아픔으로 남겨진다

달짝지근함 속에
묻어나는 달콤함은
기꺼이 사랑으로 꺼내 놓고
달콤한 내 사랑 맛보며 남겨진다

아무도 알지 못하게
그리움에 안기어
사랑으로 잉태하듯이 커지는
가슴 사랑만 부풀린다

가슴에 닿는 사랑
한 줄 편지로 보내면
저 먼 하늘 끝에서
잃어버린 사랑은 이별을 낳는다

윤외기

커피 한 잔의 조화

찻잔 위로 피어나는 커피 향이 몸을 사르고
마주 앉아 커피 한 잔을 마실 때
봄비라도 부슬부슬 내리는 날이면
마음과 그리움을 녹여 바보가 된다

연둣빛 찻잔에 입술 흔적 닦아두면
혹여 임이 커피 잔에 입 맞추고
잃어버린 꿈 찾을지 모른다는 생각에
때 늦은 계절이 지나가기 전에
아쉬운 흔적의 막잔을 비우지 못한다

운치 있는 카페에서 커피 한잔과
농익은 영화 한 편이 어울릴까
허름한 선술집에서 걸쭉한 농주 한잔을 걸치고
발길 돌려 수북이 쌓인 낙엽 길을 하염없이 걷고 싶다

마음이 가고 마음이 시키는 대로
그냥 어디론가 떠나고 싶다
어떻게 하면 좋을까
뭐라고 표현할 수 없고 아무렇지 않은데
뭔가 있을 것처럼 허전하고 우울한 것은 뭘까

떠난 임 그리워

시간의 계곡이 전하는
널따란 대지 위에
촉촉이 적시는 눈물이여

허우적이며 떠돌다가
먼 훗날 가신 임 그리워
눈물방울이 떨어지기도 전에
아스라이 떠오른다

생명줄 같은 긴 사연도
연줄처럼 휘어서 흐르는 여울도
언젠가 하나 되어 만나리

슬퍼할 시간 없는 틈바구니
홀연히 잠 깨어
창밖을 바라보다가
그리움에 지쳐버린 밤이여

눈물 날 것 같은 그리움이
지쳐버린 밤을 잊어도
바라보며 눈시울 적신 사랑아

윤외기

꽃의 애도

목적 없이 이어지는 바람에
다 잊었지만 무작정 걸어가는 순간
꽃잎 하나가 발길에 걸린다

어떤 꽃도 피울 수 없는 기다림은
싹 틔우지 못한 생채기로 어루만지며
기다려도 소식 없는 임을
그리워하는 임은 바보였나 봅니다

부질없다는 것 알면서 가슴 태우며
자나 깨나 애타게 소식 기다려보지만
이젠 주인 없는 방황은 그치렵니다

이룰 수 없는 현실에
캄캄한 눈물로 사랑을 불 밝히며
흘리는 눈물보다 가슴 무너져 찢어지는 것은
좋아해도 애써 외면한다는 것입니다

방황은 끝에서 그립다는 것은
아직 꽃이 피지 않는 까닭인가요
꽃 피우기 위한 노력인가요
아니면 또 다른 이유 있는 까닭입니까

자드락길

다홍빛으로 물든 호반에 멈춰 선
노을이 말한다
바람결 소리는 어떻게 들릴까

청명한 공기로 실려와 노을로 들려오는
빛의 소리는 청풍명월의 속마음 담아
저녁이 다가오는 냄새 풍기며
어둠의 자드락길 붙잡고 내게로 스며든다

비스듬히 가로질러 수면을 덮어버리는
노을이 길게 드러누워
달그림자 팔 뻗으며 다가오는 다홍빛 조각들은
주광색 발광다이오드 노을도 사랑이란다

노을을 닮아가는 강변이 그립고
수면 위로 스며든 다홍빛 그리움은
임이 뿌려놓은 찐한 사랑처럼 노을이 내리는 호반은
그리움이 살고 있는 은밀한 피난처다

노을빛 풍경을 두른 채
내 그리움으로 감춘 산그늘 아래
사랑이 머문 아지트에서
노을은 사랑뿐이라고 소리친다

윤외기

평행선

가슴 위에 드러누워 달그락
말 없는 감정이 가슴 열고 나와
바람결에 흔들리는 가엾은 이파리
가늘게 떨리는 입술의 반란도
얇게 도포된 그리움이 살갗을 덮고
느닷없이 안겨 오는 슬픔처럼
그립다 못해 쏟아져 내야 할 눈물
가슴 속에서 흘러내리더니
얼굴로 역행하는 진한 모습에
그리운 눈물로 싸락싸락
가슴에 문대어가는 그리움
흩뿌려지는 허공을 날아가는 그것은
사랑 찾는 그리움이 허공에 뿌려져
가슴속에 안겨드는 사랑이
미련으로 부대끼는 아쉬움에
두 손 그리움 잡고 저 멀리
함께하는 그리움과 보고 싶음이
나란히 평행선처럼 끌어안은
두 손의 운명은 끝없는 사랑이란다

내 안의 사랑이어라

당신 곁으로 가지 못해 심술나지만
투덜거리듯 한마디 던지면
작은 이슬방울 떨구며
홀로 외진 길 들어섰습니다

한 번 눈에 넣어도
아픈 고통으로 만나는 당신
떠나간 가시버시 되어 환상을 꿈꿔도
그것이 환상은 아니었습니다

사랑에 안기는 시간
줄달음치는 짧은 거리만큼
아쉬움에 질질끌려
발끝에 매달린 무거운 마음 가득하다

여전히 불빛 반짝임에
그렁그렁 입술 끝에 힘주고 있어도
내 안의 사랑은 숨결이어라

윤외기

무언의 이야기

끔찍이 사랑한 당신 때문에
가슴은 가까이 있어도 작아지고
숨쉬기 힘겨운 보랏빛 연정으로 기다렸지

눈에 눈물방울 맺힐 때마다
바다로 뛰어들고 싶은 들썩임에
항상 한 곳만 시선이 머물고 있었지

찾아가면 당신이 먼저 다가왔지요
너무 늦게 찾아와서 미안해요
마음은 늘 찾고 있다는 것 다 알지요

그림자 밟기

절반 넘어 그림자 껴안고
지극히 깊은 그곳까지
사랑을 부르며 걷던 애탐은
한나절 사랑으로 서서히 숨 죽어가는 시간

알싸한 바람조차
하늘지기 되어 찾아오는 시간
감정의 그리움이 산란하는
잔잔히 그림자 밟고
설렘 감싸며 따라온 당신

총총 성큼성큼 다가서는 기억들은
마음처럼 기다림이 깔리는 시간
눈물인지 그리움인지
아니면 강렬한 사랑입니까

윤외기

언저리

이별이 주고 간 아픔조차
사랑으로 떠나버린 새들처럼
문득 주어진 시간의 흔적마다
처음 사랑이 마지막 사랑으로
살아 있음을 느끼게 한다

존재함에 잠시 휴식 취하고
당신이 있어 사랑하지만
삶이 시련의 끈을 붙잡아도
사랑으로 흩어지는 시간
아직은 무기력한 바람이 분다

나붓나붓 내 안에 꿈틀거리며
사랑하고 또 사랑해도
긴 고독의 늪에서 빠져나와
자해하는 시간마저
사랑할 수밖에 없습니다.

벽장 속의 비밀

세월 가면 꽃은 저절로 피고 지는지
우울을 잔뜩 머금은 하늘에
가슴 깊숙이 파고드는 아픔 뿌리지 못하고
보이지 않는 지면에서 배어나오다
자지러진 파란 슬픔에 젖는다

마음 밖 모퉁이에 숨어있었나
오롯이 하늘 아래 비틀거리는 한숨처럼
깊은 슬픔에 취해서 비틀어진 채
지그재그 팔자걸음 걷는다

슬픔 속으로 떠나는 줄 알았는데
끝내 하늘이 가슴팍에 꽂히고
세상은 울음 터트리며 벽장 속에 숨긴
그리움 하나 달랑 남겨 놓는다

자작자작 눈물이 배어 나오듯
손등 문지르는 기다림의 연속인 시간
피멍울 파랗게 지져내는 비밀은
추워도 땅속으로 스며든 눈물 흘리려나

윤외기

너의 가을

아무것도 보이지 않아도
스산한 바람결 따라 노닐다가
눈길 한 번 주지 않더니
마른 낙엽 구르는 소리에도 놀란다

바싹 말라비틀어진 낙엽처럼
혼백마저 빠져나간 육신은
갈색빛으로 굴러다녀도
또렷이 그려내는 쓸쓸함이 보인다

담벼락 사이에 딱 불어오는
갈바람을 붙잡아 앞세워도
붉은 입술로 내려오는 햇살로
기지개 켜는 모습조차도 애처롭다

무의식의 손가락 끝과 끝에서
톡톡 건드려지는 버튼이
구겨진 홑이불 사이로
옹크린 채 가로질러 누워버린다.

가을 스케치

바라보기만 해도 부서지고
손대면 날아갈 것 같이
촉촉하고 아픈 바람은 무엇일까

실체 없이 가슴 깊이 들어와
아픔으로 갈라지는 숨결
잡아둔다고 잡힐 요물은 아니지

가지 말라고 애원하며 잡아도
마음이 먼저 움직이는데
간직할 수 없는 것도 사랑인가

가을은 이미 저만큼 떠나는데
가슴속에 자리한 미련조차
떠남은 보고 싶다는 준말인가요

윤외기

창작동네 시인선 173

IN-N-OUT의 비밀

인 쇄 : 초판인쇄 2023년 11월 10일
지은이 : 윤외기
펴낸이 : 윤기영
편집장 : 정설연
디자인 : 정설연
펴낸곳 : 노트북 출판사
등 록 : 제2012-000048호
본 사 : 서울시 동대문구 사가정로 256-4호 나동 B101
전 화 : 070-8887-8233 팩시밀리 02-844-5756
H P : 010-8263-8233
이메일 : hdpoem55@hanmail.net
판 형 : 신국판 P128_130-210

2023. 11_IN-N-OUT의 비밀_윤외기 제3집

정 가 : 10,000원

ISBN : 979-11-88856-75-6-03810

*저자와의 협의로 인지는 생략합니다.
*잘못된 책은 교환해 드립니다.